역사를 지키고 내일을 여는 곳,
국립중앙박물관

일러두기
이 책에 소개된 국립중앙박물관의 전시실 구성과 유물 위치는 2025년 기준입니다.

처음부터 제대로 배우는 한국사 그림책 28

역사를 지키고 내일을 여는 곳, 국립중앙박물관 _박물관이 들려주는 유물 이야기

초판 1쇄 인쇄 2025년 11월 17일
초판 1쇄 발행 2025년 11월 28일

글 한소곤
그림 정인성·천복주

펴낸곳 도서출판 개암나무(주)
펴낸이 김보경
경영관리 총괄 김수현 **경영관리** 배정은 조영재
편집 조원신 김소희 오은정 이혜인 **디자인** 이은구 **마케팅** 이기성
출판등록 2006년 6월 16일 제22-2944호

주소 서울특별시 용산구 한남대로40길 19, 4층(한남동, JD빌딩) (우)04417
전화 (02)6254-0601, 6207-0603 **팩스** (02)6254-0602 **E-mail** gaeam@gaeamnamu.co.kr
개암나무 블로그 http://blog.naver.com/gaeamnamu **개암나무 카페** http://cafe.naver.com/gaeam

ⓒ 한소곤, 정인성·천복주, 2025
이 책의 저작권은 저자에게 있습니다. 저자와 출판사의 허락 없이 내용의 일부를 인용하거나 발췌하는 것을 금합니다.

ISBN 978-89-6830-896-3 74900
ISBN 978-89-6830-122-3 (세트)

품명 아동 도서 | **제조년월** 2025년 11월 28일 | **사용연령** 10세 이상
제조자명 개암나무(주) | **제조국명** 대한민국 | **전화번호** 02-6254-0601
주소 서울특별시 용산구 한남대로40길 19, 4층(한남동, JD빌딩)

박물관이 들려주는 유물 이야기

역사를 지키고 내일을 여는 곳, 국립중앙박물관

한소곤 글 정인성·천복주 그림

개암나무

국립중앙박물관을 용산 가족공원에 신축 이전하여 민족문화의 핵심전당으로서 면모를 갖추고, 구 조선총독부 건물을 철거하여 경복궁을 원형대로 복원함으로써, 우리 민족의 단절된 맥을 찾아 민족정기를 회복하고자 함.

― 1993년 《국립중앙박물관 건립계획》 중에서

서울 하늘 위로 달이 떠오르면
내 머리 위 동그란 모자 틈새로 달빛이 들어와.
달빛은 언제나 그렇듯 1층 선사·고대관의 **백제 금동 대향로**를 깨워.
다른 유물들은 백제 금동 대향로가 진품이 아니라고
살짝 외면하지만, 관람객들에게는 인기가 많아.
마음대로 만져 볼 수 있거든.

사람들의 손길로 반질반질해진 향로는 달빛을 받아 향을 피워.
전시실 곳곳의 향로들도 함께 향을 피우지.
연푸른 연기가 파도처럼 일렁이며 구석구석 퍼져 나가면
잠들어 있던 유물들이 하나둘 깨어나.
낮에는 관람객들이, 밤에는 유물들의 비밀스러운 이야기가 가득한 곳.
나는 국립중앙박물관이야.

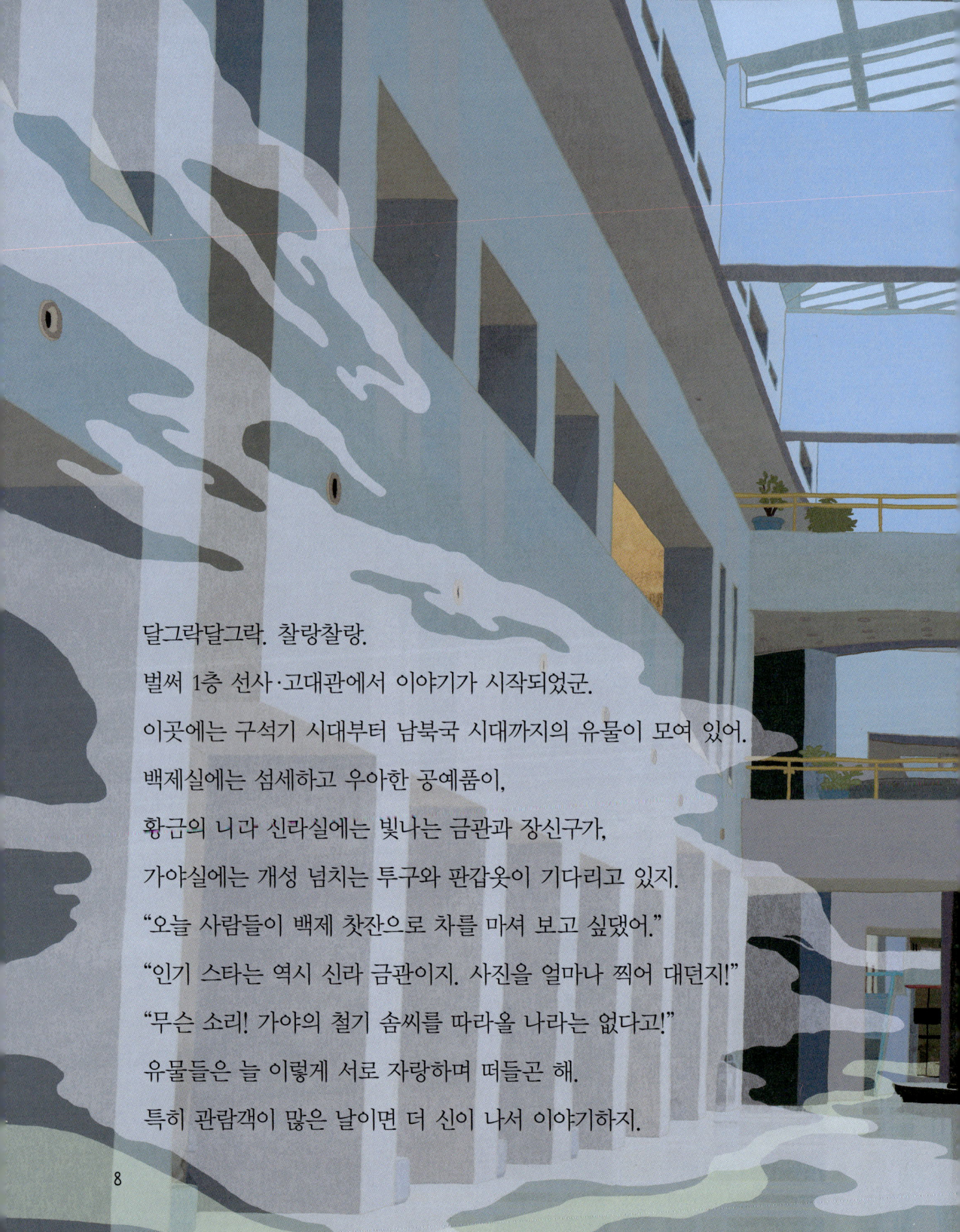

달그락달그락. 찰랑찰랑.
벌써 1층 선사·고대관에서 이야기가 시작되었군.
이곳에는 구석기 시대부터 남북국 시대까지의 유물이 모여 있어.
백제실에는 섬세하고 우아한 공예품이,
황금의 나라 신라실에는 빛나는 금관과 장신구가,
가야실에는 개성 넘치는 투구와 판갑옷이 기다리고 있지.
"오늘 사람들이 백제 찻잔으로 차를 마셔 보고 싶댔어."
"인기 스타는 역시 신라 금관이지. 사진을 얼마나 찍어 대던지!"
"무슨 소리! 가야의 철기 솜씨를 따라올 나라는 없다고!"
유물들은 늘 이렇게 서로 자랑하며 떠들곤 해.
특히 관람객이 많은 날이면 더 신이 나서 이야기하지.

유물들의 얘기를 듣던 **토우**들이 소곤거렸어.
"우리는 너무 작고 볼품없나?"
"난 메주처럼 생겼다는 말도 들었어."
"우리는 인기가 없는 것 같은데, 왜 계속 여기 있는 걸까?"
사실 토우는 가야와 신라 무덤에서 발견된 껴묻거리야.
껴묻거리는 왕이나 높은 사람이 죽으면
무덤에 함께 묻었던 인형이나 생활 도구를 말해.
죽은 사람의 길동무가 되는 소중한 물건이지.
그런데 정작 토우들은 그 사실을 잘 모르는 눈치야.

"푸히잉!"

신라실의 **기마 인물형 토기**가 나타났어.

이 토기는 제법 유명해.

한국사 교과서 표지에 실린 뒤로 어깨가 으쓱해져서

스스로 신라의 '화랑'이라고 부르지.

화랑은 풀이 죽은 토우들을 달랬어.

"여러분, 우리가 작고 보잘것없어 보여도 중요한 존재이니,

우리나라에서 가장 큰 박물관에 있는 거 아니겠습니까?"

화랑 신라 때 무예와 정신을 함께 수련하던 청년 단체 '화랑도'의 지도자.

화랑의 말에도 작은 토우들은 시큰둥했어.

정교하게 빚어진 화랑은 자기들 마음을 모른다고 생각했거든.

하지만 화랑도 크고 화려한 유물들을 부러워한 적이 있었어.

그래서 토우들에게 힘주어 말했어.

"여기에 1,400년 넘게 깊은 생각에 잠긴 보살님이 계신다더군요.

그분이라면 우리에게 좋은 말씀을 해 주실 겁니다.

보살님을 만나러 갑시다!"

화랑이 말한 보살님은 바로 두 **금동 미륵보살 반가 사유상**이야.
두 분 다 깊은 생각에 잠긴 채 빙그레 웃음 짓는데,
그 모습이 매우 아름다워서 '한국의 미소'라고 부르지.
"1,400년 넘게 계셨다면, 우리랑 나이가 비슷한걸?"
"나이만 같지. 그분들은 줄곧 깊은 생각을 해 오셨잖아."
"우리는 천 년 넘게 멍하니 있었다는 말이야? 난 거기서 빼."
토우들이 티격태격하자 화랑이 나섰어.
"그만 다투고, 우리도 가치 있는 유물인지 여쭤봅시다!
이참에 누가 제일 중요한지도 물어보고요!"
토우들은 화랑이 내심 기대한다는 걸 알아차리고 속으로 생각했어.
'우리 중에 1등이 나오면 좋겠지만…… 과연 그럴까?'

신라실에서 **배 모양 토기**가
연푸른 연기 위로 몸을 살짝 띄웠어.
'아저씨'라 불리는 **토용**도 냉큼 배에 올라 노를 잡았지.
화랑이 앞장서 말을 달렸어.
아이코! 무작정 선사·고대관을 나서다니, 한바탕 소동이 나겠는걸!
박물관은 워낙 넓어서 길을 잃기 쉽거든.

1층부터 3층까지 아우르는 으뜸홀만 해도
상설 전시관이 일곱 개, 그 안의 전시실이 서른아홉 개나 돼.
게다가 늘 새로운 주제로 전시하는 특별 전시관,
체험과 놀이로 역사를 배우는 어린이박물관까지 있지.
방마다 문이 이어져 구경하는 재미가 쏠쏠하지만,
토우들의 갑작스런 외출은 조금 걱정돼.

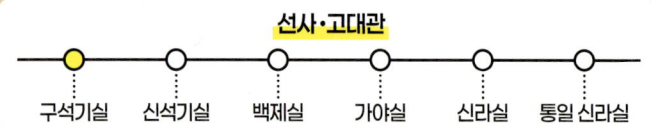

다가닥다가닥. 자신 있게 앞서가던 화랑이
구석기실 앞에 멈춰 섰어.
멀리 간 줄 알았더니, 바로 옆 전시실이구나.

"저기 돌덩이가 있다!"
토우들은 유리관을 빙빙 돌며 안을 들여다봤어.
구석기 시대를 대표하는 유물, **주먹 도끼**야.
겉보기엔 그냥 돌 같지만, 사실은 일부러 뾰족하게 다듬은 거야.
고기를 자르거나 가죽을 벗길 때 썼어.
우리 조상들이 처음으로 사용한 도구지.
토우들은 주먹 도끼의 나이가 제일 많다는 걸 느꼈는지
그 앞에서 깍듯이 절하고 길을 재촉했어.

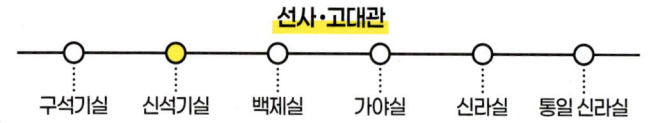

신석기실을 지나던 때였어.

"잠깐만! 나를 좀 숨겨 줘. 사냥꾼이 나를 쫓아와."

울주 대곡리 반구대 암각화 탁본에서

사슴이 폴짝 뛰어나와 애원했어.

암각화는 바위에 새긴 그림을 말해.

정말 그림 속에서 사냥꾼이 창을 번쩍 들고 있었어.

"가엾은 사슴아, 어서 이리 와."

토우들이 자리를 내주자, 사슴은 가쁜 숨을 몰아쉬며

이 여행에 무조건 함께하겠다고 했어.

신석기실에는 **빗살무늬 토기**를 비롯해 여러 가지 모양의

토기가 가득했어.

콧구멍이 큰 토우가 눈을 반짝이며 말했지.

"신라실 토기랑 생김새가 달라. 끝이 뾰족해!"

콧구멍 큰 토우가 자세히 잘 봤어.

신석기 때는 그릇을 땅에 꽂아 놓고 써서 밑이 뾰족해.

화랑 일행은 청동기실도 쓱 지나 앞으로 나아갔어.

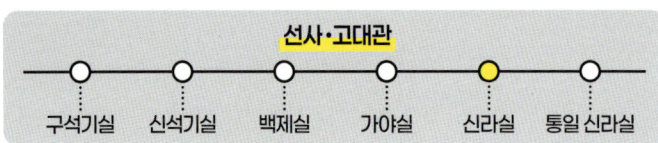

얼마쯤 갔을까. 토우들이 주위를 두리번거렸어.

"어? 뭔가 이상한데?"

"우리가 있던 곳으로 돌아왔잖아?"

이런! 한 바퀴 돌아 다시 신라실로 와 버린 거야.

반가 사유상을 만나려면 우선 '역사의 길'이라고 부르는

통로로 나가야 하는데 말이야.

"어느 문으로 나가야 하지?"

"아까 나갔던 문 말고, 다른 문으로 가 보자."

아저씨와 화랑이 말을 주고받으며 길을 찾았어.

그때 웬 오리가 "꽥꽥!" 소리를 내며
유리관 밖으로 불쑥 나왔어.
"어휴! 시끄러워! 귀가 다 아프네."
길을 잃어 신경이 곤두섰는지 사슴이 버럭 소리쳤어.
"시끄럽다니! 이건 내가 물을 따르는 소리야. 이 물은 생명수라고!"
오리도 발끈하며 대꾸했지. 사실 이 오리는 **오리 모양 토기**야.
옛날 사람들은 새가 죽은 이의 영혼을 하늘로 데려간다고 믿었어.
그래서 무덤에 오리 부부 토기를 함께 묻기도 했지.
오리 부부가 알을 낳듯, 그 기운을 받아
죽은 이가 다시 태어나길 바란 거야.

화랑 일행은 신라실에서 커다란 비석을 휙 지나쳤어.
아무리 바빠도 **진흥왕 순수비**를 못 알아보다니!
원래 이 비석은 한강이 내려다보이는 북한산에 있었어.
'한강을 차지하는 자가 한반도의 주인이 된다'는 말이 있을 만큼
한강은 아주 중요한 곳이었지.
540년에 왕위에 오른 신라 진흥왕은 백제 성왕과 힘을 합쳐
고구려 땅이던 한강 유역을 빼앗았어.
신라가 한강을 차지한 건 역사상 처음이라,
그 사실을 기념하려고 세운 비석이야.

"신라실에 유독 유물이 많네."

눈 동그란 토우가 눈썰미가 있네. 맞아! 신라는 무려 천 년이나 이어진 나라야. 영토가 한반도에 있어서 유물을 찾기도 쉽지. 그에 비하면 고구려나 발해 영토는 북한과 중국 땅이라 찾기 어려워. 언젠가 통일이 된다면 고구려실과 발해실도 훨씬 넓어질 거야!

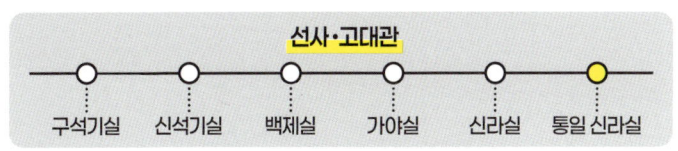

"으흑흑……."

신라실을 빠져나왔을 때였어. 어디선가 흐느끼는 소리가 들렸어.

통일 신라 지도 앞에서 갑옷을 입은 장군이 슬프게 울고 있었지.

이 장군은 가끔 나타나 박물관 곳곳의 지도를 찾아다녀.

누군가 바라보는 걸 느꼈는지, 장군은 슬그머니 자리를 떠났어.

"누굴까? 왜 우는 걸까?"

장군이 사라진 쪽을 기웃거리며 화랑이 중얼거렸어.

"아이고, 이제 또 어디로 가야 하나?"

사슴은 아직도 쫓기는 기분인지 두리번거리며 말했어.

그래도 화랑 일행은 용케도 역사의 길로 나왔지.

잘 살펴보면 2층으로 올라가는 계단이 보여.

이제 거의 다 왔는데…….

"우아, 정말 높다!"

토우들이 고개를 젖혀 위를 올려다보았어.

이런! 또 딴 데 정신이 팔려 버렸네.

화랑 일행의 눈에 들어온 건 **경천사 십층 석탑**이야.

나는 이 탑을 보면 가슴이 아파.

고려 충목왕 때 세운 탑인데,

1907년에 140여 조각으로 해체되어 일본에 빼앗겼거든.

다행히 1918년에 되찾아 2005년에 박물관으로 왔지.

나는 화랑 일행에게 꼭 말해 주고 싶어.

부디 경천사 십층 석탑을 이정표 삼아 길을 잃지 말라고.

이 탑 주변에서는 종종 이상한 일이 벌어지거든.

사실, 아까부터 정체 모를 바람이 불어왔어.
끝내 연푸른 연기가 점점 거뭇해지더니, 파도처럼 몰아쳤어.
"푸히잉!" 화랑이 탄 말이 앞발을 번쩍 들며 울부짖었어.

풍덩! 모두 배에서 떨어져 검은 연기 속에서 허우적거렸지.
이럴 땐 내가 나서야지? 솔솔솔. 나는 상쾌한 바람을 일으켜
화랑 일행을 한적한 방으로 이끌었어.
잠시 후, 화랑이 말을 일으켜 세우며 말했어.
"다들 괜찮죠? 인원 점검을 합시다. 자, 이쪽부터 하나!"
모두 차례대로 번호를 불렀고, 마지막에 아저씨가 "끝!" 하고 외쳤지.

화랑 일행은 푸른빛 도자기로 가득한 방을 둘러보았어.

"흙으로 빚은 그릇이 이렇게나 아름답다니!"

고려청자를 본 토우들이 감탄했지. 아저씨가 중얼거렸어.

"보살님이라면 이런 방에서 깊은 생각에 잠기실 것 같군."

다들 솔깃해하자 화랑이 미안해하며 말했어.

"여긴 아닙니다. 풍랑에 휘말려 길을 잘못 든 모양입니다."

그래, 여기는 고려의 유물을 전시한 고려실이야.

고려는 통일 신라 이후 다시 나뉜 후삼국을 통일해 세운 나라지.

918년에 왕건이 지금의 개성인 개경을 도읍으로 정하고 건국했어.

모두가 실망해 고개를 떨군 순간,

"드디어 보살님을 찾았어!"

사슴이 기쁜 표정으로 배에서 폴짝 뛰어내렸지.

연푸른 연기 속을 달릴 때마다 사슴뿔이 불쑥불쑥 솟아올랐어.

그 모습이 우스워 다들 키득댔지.

안쪽으로 들어가니 화려한 **불상**, 종소리가 울릴 듯한 **범종**,

금으로 쓴 **불경**까지. 찬란한 불교 예술품이 가득했어.

"저기 봐! 보살님들이 모여 있어!"

사슴이 불상을 가리키자 화랑이 고개를 저었어.

"밤이 되면 3층 조각·공예관의 보살님들이 이곳에 내려와
함께 명상에 잠기십니다. 우리가 찾는 분은 반가부좌를 하고……."
화랑이 말을 마치기도 전에 사슴이 배에 올라타 투덜거렸어.
"난 진짜 화랑은 길을 아는 줄 알았어. 흥."
아저씨는 사슴을 말리듯 눈짓했어.
머쓱해진 화랑이 말했지.
"안내소에서 안내지를 가져와야겠습니다.
대표로 누가 다녀올까요? 글자를 읽을 줄 아는 친구면 좋겠는데……."
그러자 모두 얼굴이 벌게지며 서로 눈치를 봤어.

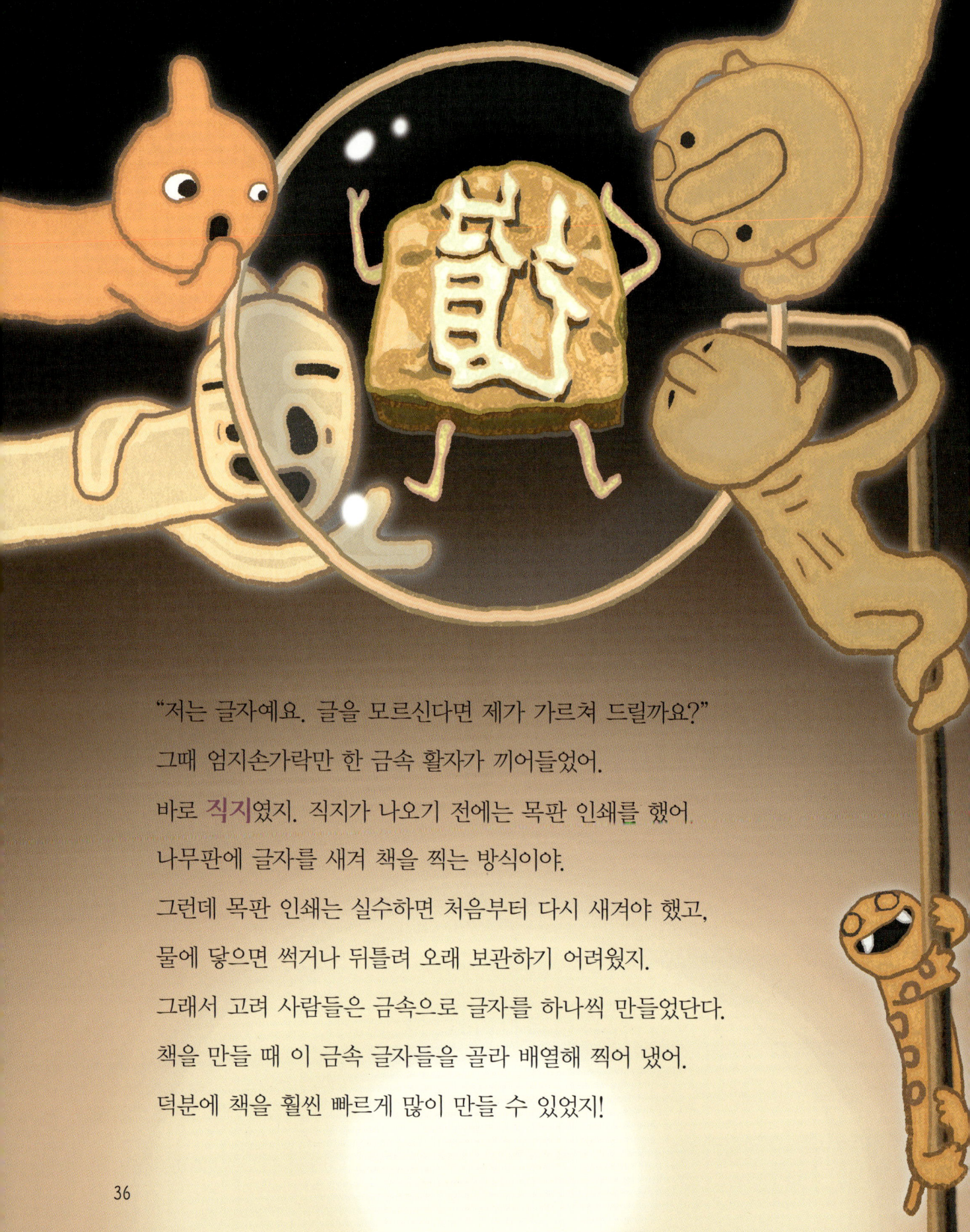

"저는 글자예요. 글을 모르신다면 제가 가르쳐 드릴까요?"
그때 엄지손가락만 한 금속 활자가 끼어들었어.
바로 **직지**였지. 직지가 나오기 전에는 목판 인쇄를 했어.
나무판에 글자를 새겨 책을 찍는 방식이야.
그런데 목판 인쇄는 실수하면 처음부터 다시 새겨야 했고,
물에 닿으면 썩거나 뒤틀려 오래 보관하기 어려웠지.
그래서 고려 사람들은 금속으로 글자를 하나씩 만들었단다.
책을 만들 때 이 금속 글자들을 골라 배열해 찍어 냈어.
덕분에 책을 훨씬 빠르게 많이 만들 수 있었지!

아저씨는 배를 바짝 대고 금속 활자를 들여다보며 중얼거렸어.
"금속 활자가 생겼으니 책이 많아졌겠군.
책 읽는 사람도 늘었겠지?"
"풋!"
사슴이 콧방귀를 뀌었어.
"사슴, 너 나 비웃는 거냐?"
"그냥 웃은 거야. 혹시 찔렸어?"
"그래, 글자 모르는 사람은 책 이야기도 못 하냐? 마음 같아서는
직지한테 글자를 배우고 싶지만, 지금은 시간이 없어서……."
아저씨가 시무룩한 얼굴로 노를 젓자
토우들도 같은 마음이라는 듯 고개를 푹 숙였어.

화랑 일행은 조선실로 들어갔어.

이곳에서는 달처럼 새하얀 **백자 달 항아리**가 눈길을 사로잡았어.

"이 그릇은 왠지 용감해 보여."

콧구멍 큰 토우가 중얼거리자 다른 토우들이 고개를 갸웃했어.

"그릇이 용감하다니?"

"바탕색도, 그림도 없이 충분히 아름다우니까."

화랑과 아저씨는 백자 달 항아리를 지나

《열하일기》《경국대전》《동의보감》 같은 책이 놓인 곳으로 갔어.

《열하일기》는 연암 박지원이 청나라에 다녀와서 쓴 여행기야.

《경국대전》은 조선의 정치, 경제, 문화를 아우르는 종합 법전이지.

《동의보감》은 조선의 의학 지식을 정리한 대표 의서야.

아저씨는 책들을 보며 빙긋 웃었어.

"내 짐작이 맞았군. 금속 활자가 생기니 책이 많아졌잖아."

기분이 좋아진 아저씨는 콧노래를 흥얼거리며 말했어.

"으음 음, 이 여행이 언제 끝나려나. 다들 구경하느라 정신없네."

한편, 화랑은 주위를 둘러보다가
통일 신라실에서 봤던 수수께끼의 장군을 다시 발견했어.
장군은 **대동여지도**를 바라보며 훌쩍이고 있었어.
대동여지도는 1861년 김정호가 손수 만든 전국 지도야.
책 22권을 이어 펼치면 가로 약 4미터, 세로 약 7미터나 돼.
학교 교실 절반만 한 초대형 지도지!
산맥과 강줄기가 세밀하게 그려져 있고,
길에는 10리마다 점이 찍혀 있어서 거리를 가늠하기 쉬워.
이 훌륭한 지도 앞에서 장군은 왜 울고 있을까?

"장군님, 무슨 일로 괴로워하시나요?"

화랑이 다가가자, 장군은 놀라 손등으로 눈물을 훔쳤어.

"보살님을 뵈면 마음이 차분해질 겁니다. 함께 가시겠습니까?"

"혹시 반가 사유상을 말하는 것이냐?"

화랑이 고개를 끄덕이자, 장군의 눈이 반짝였어.

"화랑 시절에 자주 뵙던 분인데, 여기서 다시 만나다니!"

토우들이 진짜 화랑이 나타났다고 술렁였어.

기마 인물형 토기, 아니 화랑은 움찔하며 물었지.

"누구시기에 보살님을 아신단 말입니까?"

"나는 신라 장군 김유신이다."

화랑이 깜짝 놀라 경례했어.

김유신 장군은 기특하다는 듯 미소를 지었지.

화랑 일행은 장군과 함께 조선실을 나섰어.
모두가 두리번거리며 갈팡질팡하고 있을 때,
장군이 성큼성큼 걸어가 안내지를 가져왔지.
"글을 몰라도 유물 그림을 보면 길을 찾을 수 있지. 이쪽이다!"
장군 덕분에 화랑 일행은 무사히 2층으로 올라갔어.
하지만 2층에서도 한참 헤맸어. 방이 너무 많았거든!
서화와 불교 회화, 목칠 공예품이 가득한 전시실부터
조선 왕실의 기록을 담은 《외규장각 의궤》가 있는 곳,
기증 유물을 모아 놓은 기증관까지 다양했어.

화랑 일행은 기증관에서 낯선 유물에 잠시 시선을 빼앗겼어. 바로 손기정 선수가 1936년 베를린 올림픽 마라톤에서 우승하고 받은 **청동 투구**야. 원래는 그리스에서 만들어졌지만, 이제는 우리나라의 소중한 유물이야.

이제 사유의 방이 코앞이야.
나는 바람을 불어 자욱이 깔린 연푸른 연기를
휘리릭, 사유의 방 쪽으로 흘려 보냈어.
"이 길로 가 봅시다."
화랑이 연기를 따라 조심스럽게 말을 몰았어.
입구에 들어서자 은은한 향이 가득 번졌지.
지금부터는 두루 헤아리며 깊은 생각에 잠길 시간!
다들 가슴을 펴고 몸가짐을 바르게 했어.

김유신 장군이 합장하자, 화랑이 얼른 말에서 내렸어.

토우들도 배에서 내려 다 같이 머리를 숙였어.

"보살님, 저는 지금껏 후회와 반성의 세월을 보냈습니다."

장군이 고요를 깨고 나직이 읊조렸어.

온전히 우리 힘으로 삼국 통일을 이뤄야 했습니다.
당나라를 끌어들여 반쪽짜리 통일에 그친 것이 늘 마음에 남아
후세 사람들이 이 나라를 어떻게 이끌어 갈지 걱정되었습니다."
장군이 말한 '반쪽짜리 통일'이란 이런 뜻이야.
신라는 당나라와 손잡고 백제와 고구려를 멸망시켰어.
하지만 그 뒤 당나라가 한반도를 차지하려 했고,

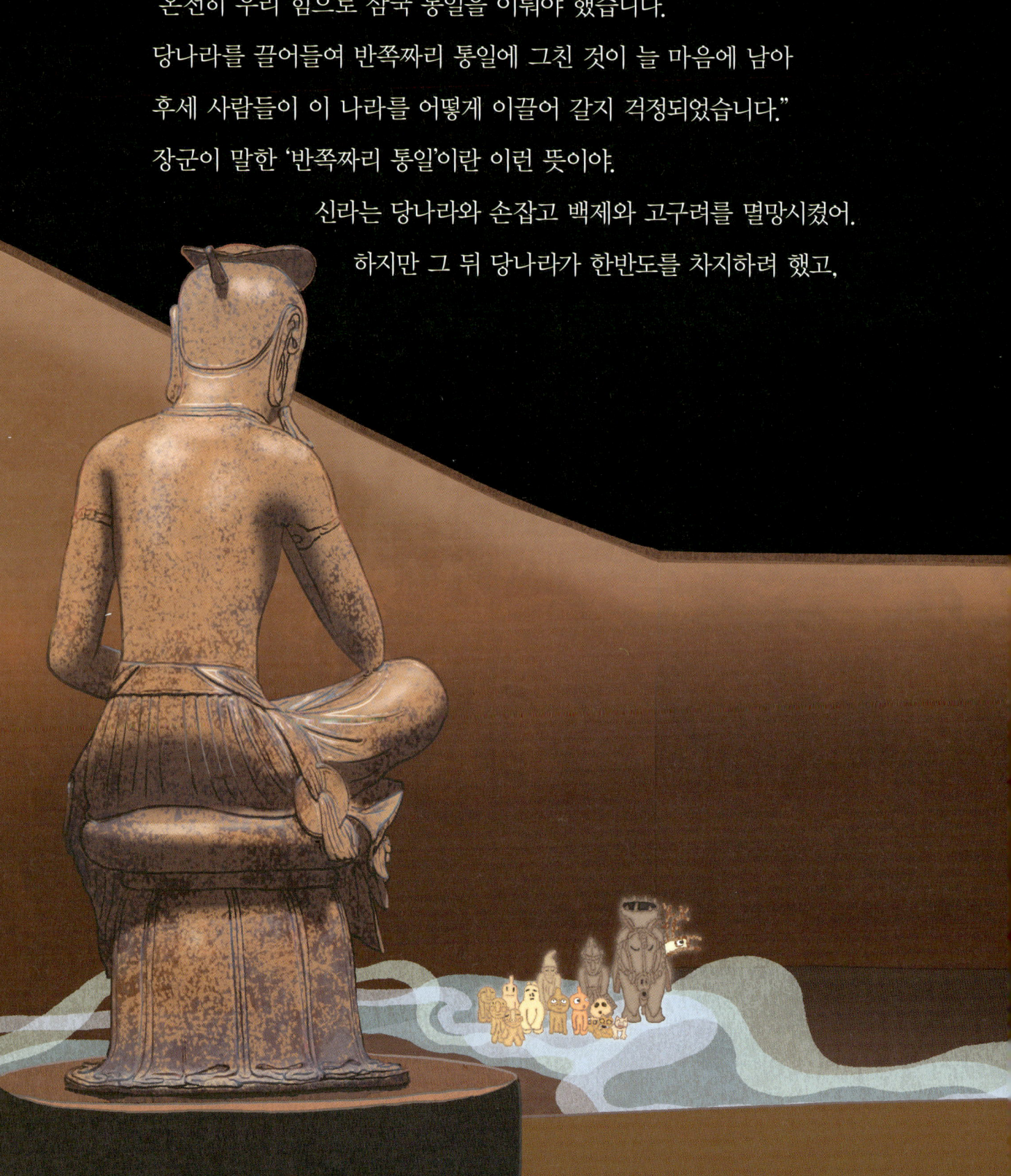

신라는 전쟁 끝에 대동강 이북 땅을 내주고 남쪽만 통일했지.
장군이 말을 이었어.
"조선에 이르러서야 제가 꿈꾸던 통일이 이루어져 다행입니다. 발해의 드넓은 땅을 찾지 못한 건 아쉽지만……."
그제야 화랑 일행은 장군이 운 이유를 깨달았어. 처음에는 삼국 통일 지도를 보고 아쉬움에 울었고, 대동여지도를 보고는 감격에 겨워 울었던 거야.

그때 아저씨가 장군에게 넌지시 말했어.
"제가 사람들이 나누는 이야기를 들었는데요.
지금 우리나라가 남과 북으로 갈라졌답니다."
"어찌 그런 일이!"
장군은 허리춤에서 칼을 뽑아 들며 외쳤어.
"지금이라도 온전한 통일을 이루어야겠어!"

장군의 갑작스런 몸짓에 화랑 일행은 오들오들 떨었어.

화랑이 황급히 장군을 말렸지.

"장군님, 진정하십시오. 사람들은 무력을 쓰기보다

평화롭게 통일하길 원합니다."

토우들이 고개를 끄덕이자 화랑이 말을 이었어.

"통일이 되면 우리도 북쪽에 가 전시회를 열고,

그곳의 유물들을 만날 수 있을 겁니다. 정말 기쁜 일이지요."

장군이 애써 마음을 가라앉혔어.

틈만 나면 투덜대던 사슴은 웬일로 아직도 합장한 채였어.

반성할 게 많은가 봐.

잠시 후 사슴이 고개를 들고 화랑에게 속삭였어.

"우리가 여기에 온 목적, 잊지 않았지?"

그제야 화랑이 두 손을 모으고 보살님을 올려다보았어.

"보살님, 이 박물관에 있는 유물 중에서 누가 제일 중요한가요?"

화랑의 말이 끝나기 무섭게 아저씨가 끼어들었어.

"그거 말고, 우리에 대해 여쭤야지!

우리도 가치 있는 유물인지……."

그때, 어디선가 윙윙거리는 소리가 들려왔어.

"아래에 뭐가 있나? 사냥꾼은 아니겠지?"

사슴의 말을 들었는지 아래에서 대답했어.

"여기는 지하 수장고야. 우리는 여기서 다음 전시를 위해 보수를 하거나
오랜 전시를 마치고 쉬고 있어."

수장고 유물들은 누가 말을 끊을세라 서둘러 덧붙였어.

"특별 전시회를 준비하는 친구들도 있어.
어쩌면 우리 중에는 평생 이곳을 나가지 못하는 친구도 있을 거야.
하지만 전시되지 않는다고, 사람들 눈에 띄지 않는다고 해서
우리가 없는 건 아니야."

가만히 듣던 화랑이 곰곰이 생각하더니 질문을 바꿨어.

"보살님, 우리는 모두 중요한 유물인가요?
수장고에 있는 유물들, 특별 전시관에서 전시 중인 유물들,
야외에 놓인 유물들, 그리고 저희처럼 작은 토우와 토기도요."

시간이 흘러갔어.
오랜 기다림 끝에 맑고 깊은 소리가 들려왔어.

"해는 해의 자리가 있고,
달은 달의 자리가 있으며,
나무는 나무의 자리가 있느니라.
어찌 더하고 덜함이 있겠느냐.
너희가 품은 이야기가 우리나라의 역사를
밝혀 주고 채워 주니,
모두 하나같이 소중하고 빛나느니라."

보살님의 말씀을 듣고 있자니 나는 왠지 다짐을 하고 싶어졌어.
"보살님, 저는 국립중앙박물관입니다.
1945년 개관한 이래 많은 사람의 관심과 사랑을 받아 왔습니다.
앞으로도 우리나라 박물관의 중심으로서
소중한 유물들을 모으고 지키는 일에 힘쓰겠습니다.
'가장 우리다운 것이 세계적인 것'이라는 믿음으로
세계 여러 나라와 함께 배우고 나누겠습니다.
역사를 공부하는 이들에게 길잡이가 되겠습니다."
말을 마치고 돌아보니,
모두가 서로 마주 보며 어깨를 으쓱했어.
얼굴에는 웃음이 가득 번져 있었지.

어느덧 달이 언덕 너머로 기울었어.

향로들이 연기를 거두자 장군도 조용히 사라졌지.

화랑 일행도 하나둘 제자리로 돌아갔어.

모두 당당하고 자신감 넘치는 모습이었어.

동쪽 하늘로 붉은 해가 떠오르자 유물들이 자세를 바로잡았어.

점잖고 의젓한 모습으로 관람객을 맞이하려는 거야.

오늘은 어떤 사람들이 찾아올까? 누구든 부담 없이 들러 유물들과 이야기를 나누고 가면 좋겠어.

그래야 유물들도 밤새 속닥속닥, 새로운 이야기를 피워 낼 테니까!

박물관이 들려주는
유물 이야기

국립중앙박물관은 1945년 8월 15일 광복 이후, 조선총독부박물관을 인수하여 같은 해 12월 3일 문을 열었어요. 2005년에는 용산으로 옮겨 와 새롭게 개관했지요. 그때부터 지금까지 우리나라의 소중한 유물을 보존하고 연구하며, 역사와 문화를 널리 알리는 중요한 역할을 하고 있어요. 국립중앙박물관은 단순한 전시 공간을 넘어 우리의 뿌리를 돌아보고 미래를 내다보는 문화 중심지예요. 과거와 현재, 미래가 만나는 이곳에서 우리 역사의 숨결을 함께 느껴 볼까요?

유물이란 무엇인가요?

국립중앙박물관을 둘러보면 '유물' '유적' '국가유산'이라는 단어를 자주 보게 돼요. 비슷한 말 같지만, 각각 의미가 조금씩 달라요.

유물은 조상들이 남긴 글, 그림, 공예품, 생활 도구 등을 말해요. 예를 들어 선사 시대의 토기, 삼국 시대의 금속 공예품, 고려 시대의 청자나 불상, 조선 시대의 백자나 책 등이 있어요. 우리는 유물을 통해 옛사람들의 생활 모습과 기술, 생각을 엿볼 수 있어요.

유적은 건물터, 고분, 성곽, 궁궐처럼 과거 사람들이 살거나 활동했던 장소예요. 예를 들어 고조선 사람들이 남긴 고인돌 무덤, 신라 왕들이 잠든 경주 대릉원, 조선 시대 궁궐인 경복궁과 창덕궁이 있어요. 유적은 땅 위에만 있는 것이 아니라 땅속에도 숨어 있어서, 발굴 조사를 통해 새롭게 발견되기도 해요.

국가유산은 수많은 유물과 유적 가운데 역사적·예술적·학술적 가치가 높은 것을 가려, 나라가 보호 대상으로 지정한 것이에요. 모든 유물과 유적이 국가유산이 되지는 않아요. 국가유산청의 심사와 전문가들의 심의를 거쳐야 해요. 이렇게 지정된 국가유산은 문화유산, 무형유산, 자연유산 등으로 나누어 관리해요.

국가유산에는 어떤 것이 있나요?

먼저 문화유산은 다음 세대에 물려줄 만한 가치를 지닌 국가유산이에요. 사람의 손으로 만든 건축물, 책, 그림, 공예품처럼 형태가 있는 것들이 여기에 포함돼요.

무형유산은 연극, 음악, 무용, 공예처럼 사람의 행위로 전해지는 국가유산이에요. 판소리, 종묘 제례악, 탈춤 등이 대표적이지요.

자연유산은 동물이나 식물, 지형과 경관, 천연 보호 구역처럼 자연에서 비롯된 국가유산이에요.

문화유산 중에서도 특히 가치가 뛰어난 것은 보물이나 국보로 지정해요. 보물은 역사적·미술적 가치가 있는 중요한 문화유산이에요. 국보는 그중에서도 특별히 뛰어난 문화유산이지요.

우리나라 보물 1호는 흥인지문, 국보 1호는 숭례문이에요. 예전에는 보물과 국보에 지정 번호를 붙였지만, 2021년부터 문화유산의 가치를 순서로 판단할 수 없다는 의견 때문에 사라졌어요.

유물은 어떻게 박물관에 오게 되나요?

국립중앙박물관에는 수많은 유물이 유리 진열장 안에 전시되어 있어요. 하지만 이 유물들도 처음부터 박물관에 있던 건 아니에요. 대부분

땅속이나 바닷속에 묻혀 있다가 발견되거나 발굴되어 이곳으로 오지요. 또 구입, 기증, 환수 등의 방법으로 들어오기도 해요.

발견과 발굴

1978년 봄, 한탄강 변에서 보웬이라는 미군이 '주먹 도끼'를 주웠어요. 이 유물을 서울대학교 김원룡 교수에게 전했고, 우리나라 최초의 구석기 유물이 되었어요. 주먹 도끼는 구석기 시대에 한반도에도 사람이 살았다는 사실을 알려 주는 귀중한 증거예요.

2007년에는 충남 태안 앞바다에서 보물선을 발굴했어요. 어부가 주꾸미 통발을 걷어 올리다 청자 접시를 발견했고, 신고를 받은 국립해양문화재연구소가 조사를 시작했지요. 그 결과, 고려 시대에 난파된 선박에서 청자 2만 5천여 점을 건져 올렸어요.

백제 유물이 발견된 풍납토성 발굴 현장

1997년에는 서울 풍납동 아파트 건설 현장에서 백제 유물을 무더기로 발견했어요. 건물터와 지붕 기와, 주춧돌, '대부(大夫)'라는 글자가 새겨진 토

기, 유리 공예품, 중국 동전인 오수전 등 다양한 유물이 나왔지요.

이처럼 유물이 발견되면 발굴 작업이 이루어져요. 땅을 조심스레 파고, 유물이 보이면 부드러운 붓으로 흙을 털어 내지요. 모든 과정은 사진과 영상, 일지로 기록해 원래 모습을 보존하려고 노력해요. 발굴한 유물은 연구실에서 분석을 마친 뒤 박물관에 전시한답니다.

구입과 기증

어떤 유물은 박물관이 구입하기도 해요. 〈사여래도〉라는 불화는 1997년 미국 뉴욕에서 열린 소더비 경매에서 구입했어요. 부처님 네 분이 함께 설법하는 모습이 그려진 불화는 흔치 않은 데다 조선 시대에 만들어진 귀한 작품이라, 박물관에 소장할 가치가 있는 유물이었지요.

부처님이 설법하는 모습을 담은 〈사여래도〉

기증을 통해 박물관에 오는 유물도 많아요. 올림픽 금메달리스트 손기정 선수는 우승 상품으로 받은 청동 투구를 박물관에 기증했어요. 이 밖에도 분청사기 상감 연꽃 넝

쿨무늬 병, 〈세한도〉 등을 비롯한 많은 유물이 기증되었지요. 많은 사람이 함께 볼 수 있도록 여러 기증자가 소중한 유물을 내어 준 거예요.

환수

우리나라 유물 가운데는 외국으로 빼앗겼다가 되찾아온 것도 있어요. 1866년 병인양요 때 프랑스가 가져간 《외규장각 의궤》, 1914년 일본이 빼앗아 간 《조선왕조실록 오대산 사고본》이 그렇지요.

우리나라는 유물을 되찾기 위해 환수위원회를 만들었어요. 그 결과 2006년에는 일본 도쿄대학교가 소장하고 있던 《조선왕조실록 오대산 사고본》을 돌려받았어요. 2011년에는 프랑스 국립도서관에 있던 《외규장각 의궤》도 환수했지요. 《외규장각 의궤》는 5년마다 갱신되는 '대여' 형식이지만, 이를 되찾은 데에는 박병선 선생님의 역할이 컸어요. 프랑스 국립도서관에서 일하던 박병선 선생님은 창고에서 《외규장각 의궤》를 발견하고, 오랜 시간 우리나라에 반환해야 한다고 알렸답니다.

못 알아볼 뻔한 유물도 있나요?

1970년 말, 골동품 상인이 대전의 어느 고철상에서 청동 조각 하나를 발견했어요. 상인은 조각에 새겨진 그림을 유심히 살펴보았지요. 둥근 고

리가 달린 앞면에는 새가, 뒷면에는 머리에 깃털을 단 사람이 '따비'라는 농기구로 밭을 가는 모습이 그려져 있었어요. 위쪽에 난 여섯 구멍은 어딘가에 걸기 위해 뚫은 것처럼 보였지요. 아무리 봐도 고철상에 있을 만한 물건 같지 않았어요.

농사짓는 모습을 새긴 농경문 청동기

상인은 청동 조각을 사서 국립중앙박물관에 팔았어요. 그 청동 조각이 바로 '농경문 청동기'예요. 농경문 청동기란 청동에 농사짓는 모습을 새긴 유물이라는 뜻이에요. 청동기 시대 사람들의 농사 방식과 농경의례를 생생하게 보여 주는 귀한 자료지요. 만약 골동품 상인의 눈에 띄지 않았다면, 농경문 청동기는 고철상을 떠돌았을지도 몰라요.

유물에 쓰인 기록은 왜 중요한가요?

국립중앙박물관 고구려실에는 '연가 7년'이라는 글자가 새겨진 금동불입상이 있어요. 이 불상은 오른손을 들고 왼손을 내리고 있어요. 마치 소원을 들어주겠다는 손짓 같아서 보고 있으면 마음이 편안해요.

불상 뒤에 자리한 넓은 판은 '광배'라고 해요. 소용돌이치는 불꽃무늬

가 새겨져 불상에 활기를 더해 주지요. 전체적으로 아름답지만, 가장 중요한 것은 광배 뒷면에 새겨진 글이에요.

연가 7년 기미년에 고구려 낙랑에 있는 동사의 주지이며 부처님을 공경하는 제자승인 연을 비롯한 사도 40인이 현겁천불을 만들어 세상에 유포하기로 하였는데 제29번째 인현의불을 비구인 법영이 공양하다.

제작 시기가 기록된
연가 칠년명 금동불 입상

기록을 통해 이 불상이 539년 무렵 고구려의 수도 평양에서 만들어졌다는 사실을 확인할 수 있어요. 당시에는 과거, 현재, 미래의 수많은 부처를 믿는 '천불 사상'이 유행했어요. 이 불상은 그 천불 가운데 하나로 만들어졌답니다. 기록 덕분에 우리는 불상의 제작 시기와 장소, 만든 사람, 목적까지 정확히 알 수 있어요.

만약 기록이 없었다면 어땠을까요? 이 불상은 신라 땅이었던 경남 의령에서 발견되었어요. 기록이 전해지지 않았다면 고구려의 불상이 아니라 신라에서 만든 것이라고 오해했을지도 몰라요. 이처럼 기록은 역사를 바르게 이해하도록 도와주는 중요한 단서예요.

유물은 어떻게 관리할까요?

유물은 오랜 세월을 지나오면서 깨지거나 녹슬고, 색이 바래기도 해요. 이럴 때는 사람처럼 치료를 받아야 하지요.

유물을 되살리는 보존 과학

유물을 치료하는 분야를 '보존 과학'이라고 해요. 보존 과학자들은 유물이 언제, 어디서 만들어졌는지, 또 어떤 이유로 손상되었는지 꼼꼼히 살펴본 뒤 알맞은 방법으로 복원해요.

예를 들어 '기마 인물형 토기'도 처음 발견되었을 때는 일부가 부서진 채였어요. 보존 과학자들이 깨진 조각을 이어 붙이고, 사라진 부분은 새로 만들어 채운 덕분에 지금처럼 멋진 모습을 되찾을 수 있었지요.

박물관에서 유물을 보호하는 방법

박물관에서는 유물들을 안전하게 보관하기 위해 철저히 관리해요. 먼저 튼튼한 진열장이 있어요. 유리가 매우 두껍고 단단해서 웬만한 충격에도 끄떡없어요. 심지어 총으로 쏴도 뚫리지 않을 만큼 견고하지요.

유물은 항상 일정한 온도와 습도가 유지되는 환경에서 보관해요. 특히 그림이나 종이처럼 약한 유물은 습도를 세심하게 맞추고, 자외선을 차단하는 특수 조명 아래에서 보호해요.

진열장에는 감지기와 CCTV 같은 보안 장치를 설치해요. 유리가 손상되거나 유물이 움직이면 곧바로 경고음이 울리지요. 또 박물관 곳곳의 카메라가 전시실을 살피며 유물을 지켜 줘요. 출입구에는 관람객의 소지품을 확인하는 보안 검색대도 운영한답니다.

불교와 반가 사유상

불교는 기원전 5세기쯤 인도의 석가모니에 의해 생겨난 종교예요. 석가모니가 열반˚에 든 뒤 제자들은 그의 유골을 모아 탑에 안치했어요. 그래서 탑은 석가모니의 무덤을 상징하지요. 탑과 함께 불상도 만들었는데, 불상은 시대와 지역에 따라 모습이 조금씩 달라요. 사람마다 생각하는 아름다움이 달랐기 때문이에요.

신라에는 법흥왕 때 불교가 전해졌어요. 불교가 자리 잡기까지 어려움이 많았지만, 이차돈의 예언이 현실이 되면서 널리 퍼지기 시작했어요. 이차돈은 "부처님이 참으로 신령하시다면, 내가 죽은 뒤 반드시 기이한 일이 일어날 것입니다"라고 말했어요.

이차돈이 처형되자 그의 목에서 하얀 피가 솟구쳤어요. 백성들은 불교를 더욱 믿게 되었고, 장인들은 아름답고 생명력 넘치는 불교 조각을 만

열반 모든 괴로움과 욕심에서 벗어나 진리를 깨달은 평화로운 상태.

들기 시작했어요. 그중에서도 가장 뛰어난 작품이 바로 '금동 미륵보살 반가 사유상'이에요.

국립중앙박물관 사유의 방에는 두 점의 금동 미륵보살 반가 사유상이 있어요. '일월식 보관 반가 사유상'과 '삼산관 반가 사유상'이지요. 모두 6~7세기에 만들어진 유물로, 세계적으로 손꼽히는 고대 불교 문화유산이에요.

두 불상은 닮은 듯하지만 서로 다른 아름다움을 지녔어요. 일월식 보

일월식 보관 반가 사유상
- 해와 달 모양의 관을 씀
- 살짝 감은 눈과 꼭 다문 입
- 한쪽 다리를 다른 쪽 다리에 올린 자세 (반가부좌)
- 뒤쪽에 광배(빛을 상징하는 판)의 흔적이 남아 있음

삼산관 반가 사유상
- 산 모양의 관을 씀

관 반가 사유상은 표정이 부드럽고 온화하고, 삼산관 반가 사유상은 옷주름과 손가락 표현이 정교하고 입체적이에요. 두 불상 모두 깊은 사유의 순간을 담고 있어, 오랜 세월이 지나도 여전히 많은 사람에게 감동을 준답니다.

수장고에는 어떤 유물이 있을까요?

박물관에는 전시된 것보다 훨씬 더 많은 유물이 보관되어 있어요. 전시되지 않은 유물이 잠자고 있는 곳이 바로 '수장고'예요.

국립중앙박물관에는 22개의 수장고가 있고, 유물의 재질과 종류에 따라 나누어 보관해요. 회화, 서적, 복식, 목재, 도자기, 토기, 석재, 금속 등 다양한 유물이 있지요.

수장고의 넓이는 약 1만 2천 제곱미터로, 초등학교 운동장(약 3천 제곱미터)의 4배나 돼요. 거대한 철문과 높이가 3미터가 넘는 천장, 그리고 수많은 격납장(유물을 보관하는 공간)으로 이루어져 있답니다.

수장된 유물은 어떻게 관리할까요?

수장고에 있는 유물들은 세심한 보호를 받아요. 특히 종이나 비단에

그린 회화 유물은 빛에 약하기 때문에 전시 기간도 짧고 조명도 약하게 조절하지요. 보통 3개월 정도 전시한 뒤에 9개월 동안 수장고에서 보관한답니다.

유물을 안전하게 보관하는 수장고 내부

수장고 안에는 수십만 점의 유물이 있어요. 널리 알려진 유물은 대부분 자주 전시되지만, 한 번도 전시되지 않은 유물도 많아요. 그러나 전시 여부와 상관없이 모든 유물은 소중한 우리 역사의 일부예요. 그래서 후손에게 잘 물려줄 수 있도록 철저하게 관리하지요.

수장고는 유물을 오랜 세월 안전하게 지킬 수 있도록 정교하게 설계되었어요. 홍수나 지진 같은 자연재해에도 끄떡없고, 온도와 습도도 늘 일정하게 유지해요. 또 유물을 넣어 두는 격납장은 습기에 강한 미송나무와 오동나무로 만들었답니다.

국립중앙박물관, 왜 특별할까요?

국립중앙박물관은 무려 70만 년 전부터 지금까지 우리나라의 역사를 한눈에 살펴볼 수 있는 곳이에요. 선사 시대의 돌도끼부터 조선 시대의 도자기, 근현대 유물까지 한자리에 모여 있지요. 이곳에서 과거의 시간과 현재의 우리가 만나요.

언제 가도 새로운 박물관

국립중앙박물관의 전시물은 유물의 보존 상태나 외부 전시 일정에 따라 주기적으로 교체돼요. 그래서 몇 달 뒤에 다시 찾아가면 새로운 유물들을 만날 수 있답니다. 늘 변화하고 살아 있는 공간, 그것이 국립중앙박물관의 또 다른 매력이에요.

꼭 만나야 할 유물들

이곳에는 약 40만 점의 유물이 보관되어 있어요. 가장 널리 알려진 사유의 방의 반가 사유상 외에도 꼭 눈여겨봐야 할 유물이 많아요. 역사의 길에는 경천사 십층 석탑, 청동기실에는 민무늬 토기, 신라실에는 금관과 금허리띠, 조선실에는 백자 달 항아리가 있지요. 또 2층의 《외규장각 의궤》, 바깥 정원의 석탑들도 놓치면 아쉬워요. 한 점 한 점이 모여 우리 역사의 긴 이야기를 들려주거든요.

어린이박물관에서는 직접 만지고 체험하며 역사를 배울 수 있어요. 도자기 퍼즐을 맞추거나 유물을 만져 보는 체험이 특히 인기예요. 디지털 실감 영상관에서는 생생한 영상으로 외국인도 쉽게 우리 문화를 이해할

수 있지요. 수요일과 토요일 야간 개장 때는 경천사 십층 석탑 외벽에 빛과 영상이 어우러진 미디어 파사드 공연이 펼쳐져요.

체험하며 배우는 어린이박물관

관람을 마친 뒤에는 상품관에 들러도 좋아요. 유물을 활용해 만든 문구류, 생활용품, 패션 소품부터 색색으로 제작된 반가 사유상과 금동 대향로 미니어처까지, 사람들의 눈길을 사로잡는 기념품이 가득하답니다.

사람과 역사를 잇는 다리

국립중앙박물관은 1909년 창경궁에서 첫발을 내디딘 뒤, 일제 강점기와 한국 전쟁을 거쳐 2005년 용산에서 새롭게 문을 열었어요. 그동안 수많은 사람의 손길이 유물을 지키고 보살펴 왔지요.

국립중앙박물관은 단순히 유물을 전시하는 공간이 아니에요. 오래된 유물을 보호하고 연구하며, 다음 세대에게 전하는 역사의 다리랍니다. 또 해외 여러 나라와 전시를 주고받으며 한국 문화의 아름다움을 세계에 알리고 있어요.

국립중앙박물관은 '박물관'이라는 이름 아래, 유물과 사람이 함께 숨 쉬는 공간이에요. 여러분도 꼭 한번 찾아가 시간 여행을 떠나 보세요!

| 작가의 말 |

유물들의 속삭임에 귀 기울여 보세요

앙상한 나뭇가지 사이로 찬바람이 휙휙 지나가는 겨울날이었어요. 저는 옷깃을 꼭 여미고 국립중앙박물관으로 향했어요. 이촌역에서 나오니 언덕 위로 하얗고 긴 건물이 보였어요. 왠지 낯선 성으로 들어가는 기분에 가슴이 두근거렸어요. 국립중앙박물관 이야기를 재미있게 쓸 수 있을까 하는 걱정이 컸나 봐요.

긴장한 마음으로 문을 열었는데, 박물관 안은 생각보다 따뜻하고 활기찼어요. 평일이었는데도 관람객이 많았고, 특히 학생들이 수첩에 뭔가를 적으면서 열심히 관람하고 있었어요. 저도 학생들 틈에 섞여 1층 전시관부터 천천히 둘러봤어요. 성처럼 웅장한 국립중앙박물관에는 정말 많은 유물이 살고 있었어요. 무려 40만여 점의 유물을 갖고 있으며 그 가운데 약 1만 점이 전시되어 있었지요. 유물 하나하나가 이야기를 품은 보물이었죠.

관람을 마치고 맨 나중에야 반가 사유상을 찾아갔어요. 사유의 방에서 느긋하게 머물며 제 걱정거리를 털어놓고 싶었거든요. 반가 사유상을 보면 마음이 편안해진다는 이야기를 들은 적이 있어요. 아직 국립중앙박물관 이야기를 어떻게 쓸지, 갈피를 잡지 못한 저로서는 그 말에 기대고 싶었지요.

반가 사유상은 깊은 생각에 잠긴 채 고요히 미소 짓고 있었어요. 그 미소를 보고 있으니 저도 모르게 따라 웃게 되었어요. 그때 어디선가 작은 속삭임이 들려왔어요. 가만히 들어 보니 흙으로 빚은 작은 인형, 토우들의 목소리였어요. 다른 유물에 비해 소박한 모습이 마음에 남았었는데……. 전시대 한쪽에 있는 듯 없는 듯 서 있는 토우들을 이야기의 주인공으로 세워 주고 싶어졌어요. 그렇게 토우들의 모험이 시작되었고, 저는 기쁜 마음으로 반가 사유상 앞에서 합장을 했어요.

전시관을 나서 야외 정원을 걷다 뒤돌아보니 박물관 지붕 끝이 말풍선처럼 생긴 구름을 붙들고 있었어요. 그 말풍선 속에 "내 이야기를 재미있게 써 줘"라는 글씨가 보이는 듯했지요. 저는 빙긋이 웃으며 조금만 기다려 달라고 속삭여 주었어요.

언젠가 여러분도 박물관에 들러 반가 사유상을 마주해 보세요. 그 미소를 바라보다 보면, 유물들의 이야기가 조용히 들려올지도 몰라요.

국립중앙박물관 야외 정원을 거닐며
한소공

너희가 품은 이야기가
우리나라의 역사를
밝혀 주고 채워 주니,
모두 하나같이 소중하고 빛나느니라.